Zhongguo·Wenhua
Zhishi·Duben

中国文化知识读本

龙凤文化

主编

金开诚

编著

李从兴

吉林出版集团有限责任公司
吉林文史出版社

图书在版编目（CIP）数据

龙凤文化／李从兴编著. —— 长春：吉林出版集团
有限责任公司：吉林文史出版社，2009.12 （2023.4重印）
（中国文化知识读本）
ISBN 978-7-5463-1951-3

Ⅰ.①龙… Ⅱ.①李… Ⅲ.①图腾-文化-中国
Ⅳ.①B933

中国版本图书馆CIP数据核字（2009）第236953号

龙凤文化

LONGFENG WENHUA

主编／金开诚　编著／李从兴

项目负责／崔博华　责任编辑／曹恒　崔博华

责任校对／袁一鸣　装帧设计／曹恒

出版发行／吉林出版集团有限责任公司　吉林文史出版社

地址／长春市福祉大路5788号　邮编／130000

印刷／天津市天玺印务有限公司

版次／2009年12月第1版　印次／2023年4月第3次印刷

开本／660mm×915mm　1/16

印张／8　字数／30千

书号／ISBN 978-7-5463-1951-3

定价／34.80元

前　言

　　文化是一种社会现象，是人类物质文明和精神文明有机融合的产物；同时又是一种历史现象，是社会的历史沉积。当今世界，随着经济全球化进程的加快，人们也越来越重视本民族的文化。我们只有加强对本民族文化的继承和创新，才能更好地弘扬民族精神，增强民族凝聚力。历史经验告诉我们，任何一个民族要想屹立于世界民族之林，必须具有自尊、自信、自强的民族意识。文化是维系一个民族生存和发展的强大动力。一个民族的存在依赖文化，文化的解体就是一个民族的消亡。

　　随着我国综合国力的日益强大，广大民众对重塑民族自尊心和自豪感的愿望日益迫切。作为民族大家庭中的一员，将源远流长、博大精深的中国文化继承并传播给广大群众，特别是青年一代，是我们出版人义不容辞的责任。

　　本套丛书是由吉林文史出版社和吉林出版集团有限责任公司组织国内知名专家学者编写的一套旨在传播中华五千年优秀传统文化，提高全民文化修养的大型知识读本。该书在深入挖掘和整理中华优秀传统文化成果的同时，结合社会发展，注入了时代精神。书中优美生动的文字、简明通俗的语言、图文并茂的形式，把中国文化中的物态文化、制度文化、行为文化、精神文化等知识要点全面展示给读者。点点滴滴的文化知识仿佛颗颗繁星，组成了灿烂辉煌的中国文化的天穹。

　　希望本书能为弘扬中华五千年优秀传统文化、增强各民族团结、构建社会主义和谐社会尽一份绵薄之力，也坚信我们的中华民族一定能够早日实现伟大复兴！

目录

一、何为『龙』

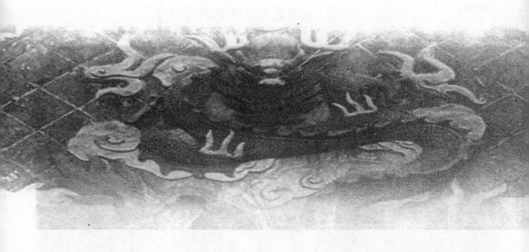

关于龙的话题一直被人提及，但是何为龙？它是真实存在的吗？它是怎样产生的呢？我们将从龙的形貌和龙的原型上来对其进行一个大致的了解。

（一）龙的形貌

龙的形象是在漫长的历史过程中经过不断发展变化而形成的。今天所知道的龙的形象综合了各种生物的特征：蛇身、兽腿、鹰爪、马头、蛇尾、鹿角、鱼鳞。

关于龙的形貌特征，古代文献记载主要为：

先秦《韩非子·说难》曰："夫龙之为虫也，柔可狎而骑也。然其喉下有逆鳞径尺，若人有婴之者，则必杀人。"

龙头装饰物

东汉王充《论衡·龙虚》曰："世俗画龙之象，马首蛇尾。"

唐代段成式《酉阳杂俎》说："龙，头上有一物，如博山形，名尺木。"

北宋画家董羽提出"三停九似说"。三停：自首至项，自项至腹，自腹至尾，九似：头似牛、嘴似驴、眼似虾、角似鹿、耳似象、鳞似鱼、须似人、腹似蛇、足似凤。

明代李时珍对龙形进行了论述。他说："《尔雅翼》云：'龙者，鳞虫之长。'王符言其形有九似：头似驼，角似鹿，眼似鬼，耳似牛，项似蛇，腹似蜃，鳞似鲤，爪似鹰，掌似虎。背有八十一鳞，具九九阳数。声如戛铜盘。口有须髯，颔有明珠，喉有逆鳞。头有博山，又名尺木。龙无尺木，不能升天。呵气成云。既能变水，又能变火。"这个论述是古代文献中有关龙的论述的集大成者。

总之，龙的形貌综合了飞禽走兽、爬虫游鱼等各类动物的器官，并经过人们创造性的艺术加工而形成。在人们看来，龙的每一个形貌特征都具有某种特殊的意义：宽阔隆起的前额象征聪明智慧，鹿角象征长寿，牛耳象征名列魁首，虎眼象征

龙的形貌综合了飞禽走兽、爬虫游鱼等动物的特点

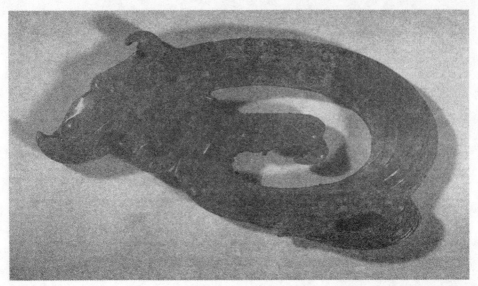

龙形玉器

威严，鹰爪象征勇猛，剑眉象征英武，狮鼻象征富贵，金鱼尾象征灵活，马齿象征勤劳善良，等等。显然，自然界并不存在具有这些形貌特征的动物，因此，就形貌而言，龙是根据人们的愿望和要求想象出来的，是人们心目中理想事物的化身。

（二）龙的原型

自古以来，龙一直被视为华夏民族的图腾。但是龙并非真实存在，完全是人们虚构出来的。用科学的眼光分析，龙的形象大概是先民在一种或多种动物的原型上，以神话思维加工改造而成的。关于龙的原型，目前学界尚无一致意见，可谓众说纷纭，莫衷一是。但是龙的原型是蛇，这个观点被大多数人所认同。下面我们就从龙的形貌入手来寻找龙的原型。

东汉王充说："世俗画龙之象，马首蛇尾。"王充所说"马首蛇尾"其实就是指马头蛇身。

南宋罗愿《尔雅翼》所载画龙口诀"三停九似说"也说到"项似蛇"。

北宋画家董羽说："头似牛，嘴似驴，眼似虾，角似鹿，耳似象，鳞似鱼，须似人，腹似蛇，足似凤。"

北宋郭若虚说：角似鹿，头似驼，眼似鬼，项似蛇，腹似蜃，鳞似鱼，爪似鹰，

龙形福字剪纸

龙被视为华夏民族的图腾

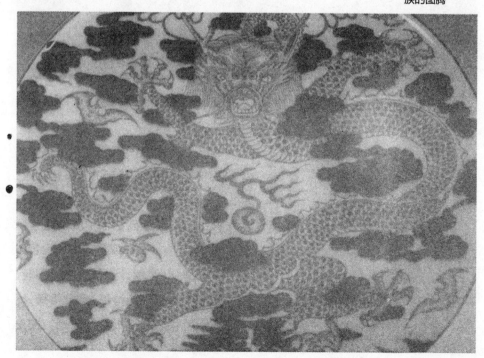

龙形玉器

掌似虎，耳似牛。"

从以上叙述中，我们可以得到一个共同的特征：龙与蛇密不可分，身似蛇、项似蛇、腹似蛇，总之与蛇有很大关系。从历代的雕塑和绘画艺术中我们还可以明显看出：龙有一个滚圆的、修长的和带鳞状纹的身躯。显然，这就是蛇身，因此，蛇身是龙的主要形貌特征。据此推断：蛇就是人们所赖以想象出龙的依据，即龙的原型是蛇。

二、龙的种类及其来历

数千年来，中国人创造了众多的龙，有各种颜色的龙，有形状不同的龙，千姿百态，种类繁多。而对其来历也众说纷纭，下面对此做简单介绍。

（一）龙的种类

关于龙的种类说法非常多。划分依据不同，种类当然也各式各样。下面简单介绍几种：

夔龙：想象性的单足神怪动物，是龙的萌芽期。《山海经·大荒东经》描写夔为："状如牛，苍身而无角，一足，出入水则必有风雨，其光如日月，其声如雷，其名曰夔"。但更多的古籍中则说夔是蛇状怪物。在商晚期和西周时期青铜器的装饰上，夔龙纹是主要纹饰之一，其外形与青铜器饰面的结构线相适

明代青花夔龙碗

汉代四螭镜

合，以直线为主，弧线为辅，具有古拙的美感。

螭：是一种早期的龙，以爬虫类——蛇作"模特儿"想象出来的，常在水中。"螭五百年化为蛟，蛟千年化为龙"，是龙的幼年期，曾出现在西周末期的青铜器装饰上，但不多。

虬：一般把没有生出角的小龙称为虬龙，是成长中的龙。另一种观点认为幼龙生出角后才称虬。两种说法虽有出入，但都把成长中的龙称为虬。还有的把盘曲的龙称为虬龙，唐代诗人杜牧在《题青云说》诗中就有"虬蟠千仞剧羊肠"之句。

青花蟠螭饕餮纹双耳尊

蟠螭：是龙属的蛇状神怪之物，是一种没有角的早期龙。对蟠螭也有两种说法，一种是指黄色的无角龙，另一种是指雌性的龙。春秋至秦汉之际，青铜器、玉雕、铜镜或建筑上，常用蟠螭的形状作装饰，其形式有单螭、双螭、三螭、五螭乃至群螭多种。或作衔牌状，或作穿环状，或作卷书状。此外，还有博古螭、环身螭等各种变化。

蛟：一般泛指能发洪水的有鳞的龙。相传蛟龙得水即能兴云作雾，腾跃太空。在古文中常用来比喻有才能的人获得施展的机会。关于蛟的来历和形状，古典文献中说法不一，有的说"龙无角曰蛟"，有的说"有鳞曰蛟龙"。而《墨客挥犀》卷三则说得更为具体："蛟之状如蛇，其首如虎，长者至数丈，多居于溪潭石穴下，声如牛鸣……"

角龙：指有角的龙。据《述异记》记述："蛟千年化为龙，龙五百年为角龙。"角龙便是龙中之老者了。

应龙：有翼的龙称为应龙。据《述异记》中记述："龙五百年为角龙，千年为应龙。"应龙称得上是龙中之精了，故长出了翼。相传应龙是上古时期黄帝的神龙，它曾奉黄帝之令讨伐过蚩尤，并杀了蚩尤而成为功臣。在禹治洪水时，神龙曾以尾扫地，疏导洪水而立功，此神龙又名为黄龙，黄龙即是应龙，因此应龙又是禹的功臣。应龙的特征是生双翅，鳞身脊棘，头大而长，吻尖，鼻、目、耳皆小，眼眶大，眉弓高，牙齿利，前额凸起，颈细腹大，尾尖长，四肢强壮，宛如一只生翅的扬子鳄。在战国的玉雕，汉代的石刻、帛画和漆器上，常出现应龙的形象。

火龙：是以火摄势的龙。全身有紫火缠绕，凡火龙经过之处，一切物体均被烧焦。

宋重轮周处斩蛟

龙的种类及其来历

青龙图

蟠龙：指蛰伏在地而未升天之龙，龙的形状作盘曲环绕。在我国古代建筑中，一般把盘绕在柱上的龙和装饰在梁上、天花板上的龙均习惯地称为蟠龙。在《太平御览》中，对蟠龙又有另一番解释："蟠龙，身长四丈，青黑色，赤带如锦文，常随水而下，入于海。有毒，伤人即死。"把蟠龙和蛟、蛇之类混在一起了。

青龙：为"四灵"或"四神"之一，又称为苍龙。我国古代的天文学家将天上的若干星星分为二十八个星区，即二十八宿，用以观察月亮的运行和划分季节，并把二十八宿分为四组，每组七宿，分别以东、南、西、北四个方位，青、红、白、黑四种颜色以及龙、鸟、虎、玄武（龟蛇相交）四种动物相配，称为"四象"或"四宫"。龙表示东方，青色，因此称为"东宫青龙"。到了秦汉，这"四象"又变为"四灵"或"四神"（龙、凤、龟、麟）了，神秘的色彩也愈来愈浓。现存于南阳汉画馆的汉代《东宫苍龙星座》画像石，是由一条龙和十八颗星以及刻有玉兔和蟾蜍的月亮组成的，这条龙就是整个苍龙星座的标志。汉代的画像砖、石和瓦当中，便有大量的"四灵"形象。

鱼化龙：是一种龙头鱼身的龙，亦是一种"龙鱼互变"的形式。这种形式我国古代早已有之，《说苑》中就有"昔日白龙下清冷之渊化为鱼"的记载，《长安谣》说的"东海大鱼化为龙"和民间流传的鲤鱼跳龙门，均讲述了龙鱼互变的关系。这种造型早在商代晚期便在玉雕中出现，并在历代得到发展。

（二）龙的来历

相传，轩辕黄帝经过五十三战，打败了蚩尤，平息了战争，统一了三大部落，七十二个小部落，建立起世界上第一个有共主的国家。黄帝打算制定一个统一的图腾（类似现在的国旗，或者说是国家的标志）。开始，黄帝手下的谋臣建议不再搞

鱼化龙

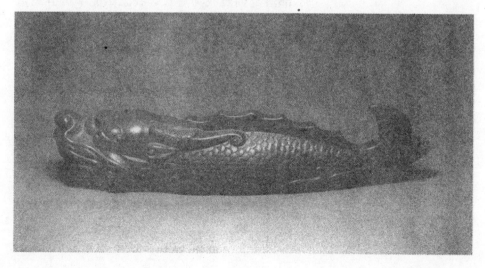

黄帝像

新图腾，理由是黄帝功德无量，天底下无人能比得上，就应该沿用黄帝部落的图腾，一统天下。黄帝说："万不可这样做，各大小部落都拥戴我为尊长。我怎么能辜负群民重望，独断专行，以大欺小，以强欺弱呢？"接着黄帝又说："蚩尤所干的一切，对兄弟部落的行为，我们万万做不得。"黄帝叫仓颉写了个通知，要求原来各大小部落把使用过的图腾全部献出来，再由原来各大小部落选派一个代表，前来黄帝宫，共同商议制定新图腾。

谁知，通知一发出，各个大小部落都送

来了本部落原先使用过的图腾，一下子就摆了成百个，其中有蛇、鹰、马、鱼、熊、豹、羊、象、狗等各种各样的图腾。这下可把黄帝难住了，究竟采用哪个图腾好呢？他一时拿不定主意，便召来身边的谋臣常先、大鸿、风后、力牧、仓颉等，征求他们的意见。大家你一言，他一语，各抒己见，有人同意用这个图腾，有人主张用那个图腾。最后，仍然没有定下来。大鸿着急地说："黄帝心思太多了，随便用一个图腾就对了，何必这样挑来选去，太麻烦了。"黄帝耐心地说："这是一个新统一起来的大部落，不那么简单，处处都要谨慎从事，绝不能草率。一定要照顾原来各大小部落

仓颉像

的情绪，要搞一个有团结象征的图腾。不然，又有分裂的可能。"众谋臣听了黄帝这一席话，觉得很有道理，连连称赞。大鸿赶忙纠正自己的话说："我是带兵打仗的，对图腾这些事不懂，刚才说的话全当没说。"大家一听都笑了。

制定新图腾的事，黄帝几天几夜没有睡好觉。有天夜里，天下暴雨，电闪雷鸣，黄帝发现一条明亮的光线，一闪而过，深深映在黄帝脑海里。第二天，黄帝单独叫来仓颉和风后，把他昨夜看到的霹雳闪电的形象，向仓颉和风后讲述了一遍。然后，黄帝指着各大小部落的图腾说："我看为了照顾各个部落的情绪，咱们参照各部落图腾的特点，

二龙戏珠

应该制定这样一个图腾：蛇的身，鱼的鳞，马的头，狮的鼻，虎的眼，牛的舌，鹿的角，象的牙，羊的须，鹰的爪，狗的尾，组成一个特别的图腾。把原来各大小部落图腾都分别用上一些，这也算照顾周全了。可是，组成这样的图腾像个什么东西，叫个什么名字？"仓颉说："黄帝，这个图腾在世间动物中，谁也找不到它，谁也无法伪造。我想，咱们给它取个名字，叫做'龙'！既能腾云驾雾，又能翻江倒海。"

黄帝捋着胡须，轻轻踏着步子，细细琢磨了半天，然后，果断地说："好！就叫'龙'。"从此以后，龙就成为中华民族吉祥权威的象征物，谁也不能侵害它，就连黄帝也带头崇

瓷器上栩栩如生的蚊龙

古建筑房檐上一般装
饰有龙的形象

敬它，这就是'龙'的来历。各族部落首
领对"龙图腾"也非常满意，因为每个部
落都能从"龙图腾"里找到自己部落的影
子。因此都非常团结，拥护黄帝成就了一
番大事业。直到现在，"龙图腾"依然是
中华民族富有凝聚力的一种象征。

三、龙的传说故事及其崇拜

关于龙的神话传说可以说是不胜枚举。在这些传说中，龙被人们视为神物，自然具备种种神性。

（一）龙的传说故事

龙是中国古代传说中的神异动物，身体长，有鳞、有角、有脚、能走、能飞、能游泳，能兴云降雨。古人把龙看成神物、灵物，而且变化无常，能细能巨，能短能长，既能深入水底，亦能腾云登天。关于龙的传说，在中国古代经典著作中几乎每一本书都有，而关于龙的传说和神话亦数不胜数。

镂空雕龙屏风

传说龙既能深入水底又能腾云驾雾

上至黄帝的时代，便有黄帝乘龙升天、应龙助黄帝战胜蚩尤的传说；夏禹治水，传说便有神龙以尾巴画地成河道，疏导洪水；汉高祖刘邦，传说便是其母梦见与赤龙交配而怀孕出生。从许多故事和传说中看到，人们常把各种美德和优秀的品质都集中到龙的身上。传说中每年二月初二炒玉米的传统，就是为了纪念义龙。据说玉龙因不忍人民受干旱之苦，义助人民降雨而被玉帝所囚，并立下规条，只有金豆开花才会予以释放。人民因感激玉龙义举而齐集一起炒玉米，因样子像金豆开花而令看管的太白金星看错，就释放了玉龙。而每年二月初二炒玉米的传统亦保留了下

在龙的身上，集中了人们美好的愿望

来。

我们从许多故事和传说中看到：龙是英勇善战的，它什么强权也不怕；龙是聪明多智的，它甚至能预见未来；龙的本领高强，它能大能小，变化多端，兴云布雨，鸣雷闪电，开河移山，法力无边；龙是富裕的，龙宫成了宝藏的集中地；龙又是正直的、能为人民着想的，为了解救人间，它甚至不惜冒犯天条。在龙的身上集中了人们美好的愿望，世间的杰出人物也常被称为人中之龙，诸葛亮号称"卧龙先生"就是大家熟识的例子。

当然，传说里有义龙为善，便自然亦有恶龙为祸。在中国不少以"龙"字命名的地方亦有其龙的传说，其中亦不乏恶龙肆虐的故事。就像黑龙江，传说以前便有白龙为祸，后来江边的一个村中，有一家人临产，并生下了一黑龙。原来黑龙是来帮助除掉白龙的，村民依照其指示支持，最后白龙被除，人们为纪念黑龙而将江取名黑龙江。四川省的九寨沟有一卧龙湖，湖底有一黄色石梁，传说是白龙的化身。九寨沟附近有两条大河，一条叫黑水河，传说以前住着一条大黑龙；一条白龙江，住着一条小白龙。传说黑龙因妒忌九寨沟的风光而将那里的水吸干，小白龙知道后，便将白龙江的水喷洒到九寨沟，恢复其美景。黑龙知道后便跟白龙展开恶斗，小白龙被逼逃到九寨沟的一个湖泊中。黑龙为查白龙的下落而惊动了藏族的万山之神，最后被山神所囚，不能再作恶。万山之神为表彰白龙而给它一套金黄色的铠甲，这就是卧龙湖的传说由来。

琉璃墙上的龙浮雕

除以上所述，历朝历代都不断有龙的传说和神话出现，不少以"龙"字命名的地方亦有其龙的传说。

（二）龙的神性

龙在中国文化中为百虫之长，是人们以蛇为原型，逐渐将许多动物的形貌特征

恢宏大气的宫殿穹顶

拼凑起来的想象中的一种动物。它喜水，好飞，通天，善变，灵异，有征兆祥瑞、呼风唤雨、避邪驱邪等神性，人们赋予它保护神、水神、祥瑞的象征等文化含义。具体而言，龙的神性主要有：

1. 龙是白虫之长

这种说法比较普遍，也即是鳞虫之长。鳞虫指鱼类，水中动物，它是由传说中龙具有司雨的神性演绎而来。另外，从龙的外貌综合了各类动物的形貌特征来看，也可以充分说明这一点。《尔雅翼·释龙》对龙的解释："龙春分而登天，秋分而潜渊，物至之灵者也。"也把龙作为百兽之长。

穹顶的盘龙

2. 善于变化

对于龙的善于变化的神性，《说文》
概括为"能幽能明，能细能巨，能长能短"。
《管子·水地》曰"欲小则化为蚕蠋，欲大
则藏于天下；欲上则凌乎云气，欲下则入
乎深泉：变化无日，上下无时，谓之神"。
总之，古人认为：龙能大能小，能伸能屈，
能合能散，能弱能强，变化莫测。

3. 升天

龙喜好飞翔，与此相联系，它具备了
升天、通天的神性。龙飞向的方向是神秘、
辽阔、至高无上的天空，《论衡·龙虚篇》
讲"世谓龙升天者，必谓神龙。不神，不

双龙戏珠石刻

升天；升天，神之效也"，《易通卦验》"立夏风至而龙升天"。此外，龙是传说中人们能骑以上天的神异动物。

4. 掌管雨水

龙具有掌管雨水的神性，并把它当做水神进行崇拜。有关龙掌管雨水的材料是很多的。例如："二月二，龙抬头；大仓满，小仓流""二月二，龙抬头，天上下雨地上流；

春天里俺打扇鼓盼春雨，秋天里俺打扇鼓
庆丰收"。

龙有辟邪之用，很多
建筑上都有此装饰

5. 辟邪

中国古代青龙、白虎、朱雀、玄武四
种动物图案代表东、西、南、北四个方位，
以这四种动物图案装饰各种器物的习俗都
非常流行。在人们看来，这四种动物都具
有辟邪的作用，现在很多建筑门口都放着

人们赋予龙神性，认为它无所不能

二龙戏珠，除了装饰作用之外，也是为了辟邪。还有玩龙灯舞狮子不仅为了娱乐，给节日增添喜庆气氛，同时也是为了辟邪。

从以上可以看出，具备这些本领的动物在自然界中是无论如何也找不到的。龙，只是人们想象中的一种动物，所有这些本领都是人们赋予龙的。

6. 比帝

比帝是龙后起的神性，即比喻龙有象征

人间帝王神权的神性。此神性的获得经过了几千年的吸纳、综合、演进，是在龙的形象已趋于成熟，龙的各种神性已经显露的基础上产生的。但是龙为什么有兆应和象征帝王的神性呢？这主要得从龙的基本神性上找，这些基本神性和"帝王性"多有吻合之处

　　首先，龙喜水而畅游于江河，龙好飞而通达于天庭。龙潜飞自如，无挂无碍，自由来去于昊天潢池，自然而然地就充当了天地间的信使。一方面，它可以直达天庭，向天帝反映人间的情况；另一方面，也可以从天庭下来，传达天帝的旨意。皇帝不是说自己"受命于天庭"吗？不是自

龙喜水而畅游于江河，龙好飞而通达于天庭

许多帝王认为自己的王道德政和龙的吉祥嘉瑞一致，并自诩"真龙天子"

称是天的儿子，代天帝管理人间吗？显眼，龙的通天神性和帝王们带天牧民的帝王性在这儿合在一起了。于是，帝王们都成了"真龙天子"。

其次，龙有征瑞的神性，所谓"吉祥之瑞，受命之征"，是能给天下人带来好处的神物。帝王们也都认为自己的君权是神授予的，自己是人们的大救星，肩负救民于水火，解民于倒悬的使命，具备着布德于四方，实惠于万民的神力。因此，帝王们差不多都感觉良好，认为自己的王道德政和龙的吉祥嘉瑞是一致的，同工同能的。

再次，龙还具备善变、灵异、兆祸、示

威的神性，它时而怪诞，时而灵异，潜现无时，变化莫测，常常发威，动辄迁怒，张牙舞爪，凶恶狰厉，这一切都是帝王们所需要的。专制主义喜欢以神秘而售其恶，以多变而掩其奸，以乖谬而显其力，以加祸而显其威——喜欢一副张牙舞爪、凛然不可侵犯的姿态，令人生畏。在这些方面，龙和帝王是差不多一致的。

另外，中国人生来喜欢尚古，喜欢效法先祖前贤。过去的帝王是龙，后来的帝王自然也是龙，即便不具备龙性，也设法把自己包装成龙。

这样看来，在专制主义盛行的中国，龙要是不具备象征帝王的神性，或帝王们要是不以龙自比或受比，那倒有些不合理

九龙壁一景

九龙壁二龙戏珠

了。

　　中国龙进入当代以后，身上的帝王气逐渐消失，表示吉祥嘉瑞的神性更突出了。因此可以说，当代的龙已经走下张牙舞爪、不可侵犯的"神坛"，变得喜悦和善，可亲可近，似乎已成为一种"吉祥物"了。

　　龙并不是中国特有的，许多民族都有关

于龙的神话传说。但是像中国这样，以龙为荣、为尊，而且各种事物都多少跟龙有关系的国家却是绝无仅有的，我们到处可以感觉到龙的存在及人们对它的崇拜。

（三）龙的痕迹

龙的痕迹是指龙在神州大地上留下的种种痕迹，也就是博大精深、源远流长的龙文化在人们的生活、山水和地域中的表现。在中国，带有"龙"名的地方数以千计，其中又有以数字为题的，如吉林省的二龙、江西省的三龙、辽宁省的四龙；有些以龙的身体为题，如江西省的龙头、四川省的龙角、贵州省的龙额、黑龙江省的龙爪；还有些以龙群为题，可以组成龙王、龙母、大龙、小龙、金龙、木龙、水龙、土龙等等。中国含"龙"字的江河，可查的就有四十多个，而我们熟识的黄、青、赤、白、黑龙，就分别在四川省（黄龙河）、河北省（青龙河和赤龙河）、天津（青龙湾河和黑龙港河）、甘肃省（白龙江）、上海（白龙港河）和黑龙江省（黑龙江）。几乎每一省都有龙江、龙湖、龙山、龙洞、龙泉、龙潭，还有数不清的龙王庙。

白龙江源头

溥仪穿过的龙袍

日常生活中也有龙的踪迹。衣有龙袍、龙冠；食有龙虾、龙眼、龙须面；建筑有龙宫、龙亭；行有龙舟、龙车；家具有龙椅、龙床。正月十五要舞龙灯，五月端午要赛龙船。动物有龙马、龙蚤；植物有龙葵、龙舌兰、龙须草、龙须菜、龙柏、龙爪槐。风水宝地叫龙穴，抽水的水车叫龙骨水车，大吊车叫龙门吊。天上有龙星，地下有龙脉。古代的类书中和龙有关的名词不下数百。一千年前编辑的《太平广记》搜集的龙的神话小说，就有八十一则。在中国，龙简直无所不在。龙的文化，源远流长。

（四）龙的崇拜

龙被人们赋予了无比神圣而丰富的意义，龙的形象在历来的雕刻、绘画、服饰、建筑以及舟车、器物的制作上都有出现。可见，对于龙的崇拜到何种程度。

在中国古代，龙的出现预示着大人或圣人的降临。例如，"孔子当生之夜，二苍龙亘天而下，来附微在房"。后来以龙象征人中之杰，例："飞龙在天，大人造也"，"飞龙在天有圣人之在王位"，故皇帝为"真龙天子"，凡与皇帝有关的事物都冠以"龙"

龙被人们赋予了无比神圣的寓意

舞龙表演

字，如"龙颜""龙袍""龙种"等。龙是祥瑞之兆，是神圣的象征，因此，龙的作风与气派亦成为中华民族精神气质的象征，华夏子孙皆以"龙的传人"自称。龙的形象与痕迹都预示着吉祥如意，昭示着兴旺发达。

民间有许多关于龙的节目和龙的短语：

舞龙：流行于全国各地的流行舞蹈，是由古代以龙形祈雨的形式演化而来的民俗活动。最初在春季生产季节进行，后来渐渐与放灯、灶火之类的春祭、祈年活动结合起来，统称为舞龙灯。经过千百年的流传，各地舞龙活动的习俗与程式各不相同、丰富多彩，具有广泛的群众性。从形式上看，少者一人舞一龙，多者百人舞一龙；从龙的多少来看，有的挥舞一龙，有的几条龙同舞；从造型上看，有"布龙""草龙""人龙""绣球龙"等百种之多。常见的为"龙灯"和"布龙"，龙灯，也叫火龙，用竹篾扎成龙头、龙身和龙尾。龙身一般从七节到数十节不等，多为单数，节与节之间，以一米多的彩布相连，再用色彩绘成龙的形象。每节内燃灯烛，节下装长柄，供舞者握持。舞时，一人手拿"宝珠"（球形灯彩），在龙头前引龙起舞。火龙以气势雄伟磅礴见长，多在节日夜晚耍舞。

有的地方在舞龙灯的同时还放焰火爆竹，加之锣鼓齐鸣声势炽烈，蔚为壮观。有的舞龙灯时，以数十盏云灯相随，龙灯在云灯中来往穿梭，烘托出祥龙腾云驾雾之势。也有的以鱼灯、虾灯、螃蟹灯等与龙灯同舞，龙在各种彩灯中飞舞盘旋，刻画出翻江倒海之貌。故龙舞是喜庆佳节中最常见的一种娱乐活动，并表达着人们祝愿人寿年丰之意。

龙舟竞赛：又称龙船节、龙舟节，是流行于南方的传统节日。一般认为是为了纪念爱国诗人屈原的活动。以龙形舟舫称为"龙舟"并作为竞技活动，大约起于唐宋之际，而五月端午以龙舟竞技之俗，据可靠记载应该在北宋时代，此后久盛不衰。

龙舟竞赛

现如今我国南方仍盛行赛龙舟活动，举行时间因地而异，江南多在春季举行，贵州等地的苗族在每年的端午节前后举行，并伴有跑马、斗牛、踩鼓和游方等活动。龙舟节已成为体现尚武精神，展现健康体魄，象征团结协作精神的家喻户晓的竞技活动。

龙袍：古代皇帝所穿的袍服，因上绣龙纹，故称作"龙袍"。清朝的龙袍，一般绣九条金龙，但从正面或背面单独看时，所见都是五条，与九五之尊的九五之数恰好吻合。袍的下端斜排着许多弯曲的线条，名为"水脚"。水脚上有许多波涛翻滚的小浪，浪上又立有山石宝物，俗称"海水江崖"。除了包涵绵延不断的吉祥之意外，还隐喻着"一统山河"和"万事生平"的寓意。龙被视作

精美的刺绣龙纹

帝王的化身，除帝后及贵族外，其他人不得"僭用"。

　　龙马精神：在唐·李郢《上裴晋公》诗中："四朝忧国鬓如丝，龙马精神海鹤姿。"龙马，是指传说中的骏马。龙马精神，就是像龙马一样精神。后比喻健旺的精神。

　　龙腾虎跃：形容威武雄壮，非常活跃。也作虎跃龙腾。

　　活龙活现：形容神情逼真，使人感到好像亲眼看到一般。

　　龙生九子：古时民间有"龙生九子，不成龙，各有所好"的传说。比喻同胞弟兄志趣性格各有差异，并不相同。

　　生龙活虎：形容很有生气和活力。

建筑上的二龙戏珠有祈福辟邪之用

龙飞凤舞：形容山势蜿蜒雄壮，也形容书法笔势舒展活泼。

龙文化涉及人们生活的各个方面，是不同民族的人们生活经验沉淀的结果，汉语中有关"龙"的词语也几乎涵括人们生活的方方面面。人们视其为灵物、吉祥物，把其当做神权的象征，对其崇拜不言而喻。

龙文化涉及人们生活的各个方面

龍王廟

龍吸風雲興翰海

常呼霖雨惠蒼生

四、龙文化的含义

龙文化含义演变过程大致可以划分为两个阶段：先秦时期，人们主要赋予龙各种非凡的本领，把龙当做神灵进行崇拜；秦汉以后，人们主要赋予龙以各种象征意义。龙崇拜的文化含义是随着时代的发展而发展的，反映人们当时的愿望和要求。因此，龙文化的含义是不断变化的。龙的文化含义主要有以下几种：

（一）把龙当做百虫之长

　　把龙当做百虫之长，这种文化含义从某些节日的名称就可以看出。龙抬头节是一个非常重要的日子，之所以这样称谓是因为以龙作为一切虫类的代表。二月二是龙抬头的日子，同样也是一切虫类开始抬头的日子。

雕刻精美的双龙戏珠

在这个日子里，人们开展敲房梁、熏虫的
活动，就是为了将蛇蝎等毒虫的头压下去，
让他们的头抬不起来，而让龙抬起头来。
因此，人们确实在龙抬头的节日里给予龙
是百虫之长的含义。

把龙当保护神来崇拜，
是龙文化的最原始含义

（二）把龙当做保护神

把龙当做保护神进行崇拜是龙崇拜最
原始的文化含义。人们把龙当做能够驱邪
御凶的灵物，向它祈求吉祥幸福，这个灵
物就成了保护神。这种文化含义我们从在
房屋前面和房屋周围撒灰两种习俗可以看
出。龙抬头节期间，人们在房屋前面（或
者房屋周围）撒灰，是为了驱赶各种毒虫，

龙图案无处不在

把它们挡在屋外，不让它们闯进屋里来。人们把灰撒成龙蛇形状，显然就是想利用龙蛇的形貌去驱赶、吓跑各种毒虫，以便达到辟邪御凶、吉祥幸福的目的。这是一种非常古老的习俗，是最原始的文化含义之一。在有些墓穴中，会发现用石块堆制而成的龙和虎，龙和虎对墓主人起着护卫作用，是墓主人的保护神。显然，当时这些地方的人们都把龙当做保护神进行崇拜。我国民俗至今仍把龙当做保护神进行崇拜，人们在节日里玩龙灯、舞狮子，就是把龙、狮子当做保护神，以求辟邪御凶、吉祥幸福。

华表之上，巨龙盘旋而上

就现代而言，人们把龙当做保护神来进行崇拜用来辟邪御凶，主要采取以下两种方法：一是在建筑物前面竖立华表；二是在屋顶上摆放二龙戏珠。

华表主体为一根硕大的石柱，柱身用浮雕法雕刻着一条巨龙。巨龙环绕柱身，头在上方，尾在下方，尾部略微向上倾斜，整个龙体盘旋而上，龙身两侧雕刻着许多云纹和波浪纹。石柱上方向左右两侧各伸出一块石片，长短不一，石片上面也都雕刻着许多云纹。石柱顶端雕刻着一只蹲兽。房屋前面所竖立的华表一般为两根，分立于左右两侧。一般只有在那些重要的公共建筑物前面才竖立华表，有用石头做的，

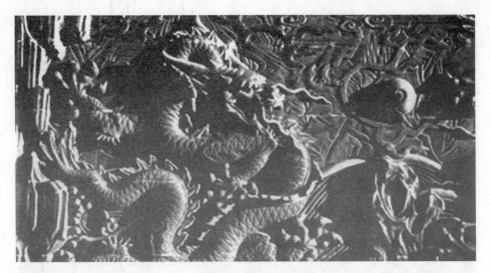

许多建筑物用二龙戏珠
来装饰

也有用钢筋、水泥做的。在房屋前面竖立华表是由在房屋前面堆塑龙形演变而来的。

一般的建筑物都是用二龙戏珠来装饰的。他们的位置各不相同：有的在房檐上方，有的在院子门口的屋顶上。比较常见的是放在院子门口的屋顶上。它们也是由在房屋前面堆塑龙形演变而来的。

为什么二龙戏珠具有保护神的作用呢？我们知道龙的原型是毒蛇，毒蛇所释放的毒液是能置人于死地的，任何生灵都无法抵御毒液的危害，人们对其十分恐惧，便以为其他一切东西都害怕毒蛇，于是，他们利用这个像毒蛇形貌的龙来吓唬、赶走一切可能对自己造成危害的东西。由此可见。人们用龙来辟邪是以毒攻毒的办法，人们看中的是龙能释放毒液这一特殊本领。但是，蛇在什么时候释放的毒液威力最大、毒液最多呢？就是两蛇交配的时候。由于这种说法太粗俗，于是逐渐被淘汰，把画面稍微改变一下，用含有这个意思的二龙戏珠来代替了，这其实是采用了象征的说法。二龙代表雌雄二龙，它们所戏之"珠"成为"宝珠"或"火珠"，是从毒蛇的毒液抽象而来的，象征辟邪。另外从装饰美学的角度来说：屋顶正中是宝珠，两边是奋勇向前的龙，有点有线，既对称又平衡，生动活泼，富于娱乐性，十分优美。这样一来，整个画面，不仅雅观，而且生动活泼、含蓄典雅、寓意深刻，容易被人接受。于是，这种造型最受人们欢迎、使用最为广泛，成为我国建筑艺术和民族建筑的重要特征。

屋檐上的龙头

（三）把龙当做水神

由于人们把龙想象成为能飞行上天的灵物，认为龙飞翔的时候必定有云跟着，有了云就有可能下雨，从而认为龙能够带来雨水。春天和夏天的雨水较多，人们认为这是龙在天空行云布雨的结果；秋天和冬天雨水较少，人们认为这是龙潜入深渊

武汉龙王庙里的雕龙石柱

的结果。慢慢地龙由保护神的地位成为分管雨水的水神，而且这逐渐成了他的主要职能。人们需要雨水的时候，就向龙神祈求，把龙当做掌管雨水的水神进行崇拜，定期举行祈龙求雨的仪式。这个仪式有时是制作土龙，有时是在龙王庙里供奉、祭祀五龙，在干旱的时候便求助于他们。在那时，如果春天求雨则制作青龙即苍龙，夏天求雨则制作赤龙，秋天求雨则制作白龙，冬天求雨则制作黑龙。季节不同，人们所制作的颜色也各不相同。据说，我国在宋代就有了龙王庙，庙里供奉着青龙、赤龙、黄龙、白龙和黑龙的牌位，人们可以在龙神庙里祭祀龙神，祈求雨水。龙抬头节期间祭祀龙神来求雨水的习俗大概也是由此发展而来的。不管求雨效果如何，人们还是一如既往地把龙当做掌管雨水的水神进行崇拜。在各种祈神求雨的巫术活动中，祈龙求雨也是最重要最普遍的一种。

把龙当做水神还可以从打灰囤（又称"围仓"）和撒灰至井边（或河边）两种撒灰方式中看出，从汲水和晨忌挑水两种民俗中也可以看出。撒灰至井边，是祈求龙神保佑当年风调雨顺、五谷丰登，打灰囤（围仓）也是这个意思。显然，这两种撒灰办法分别是从在房屋周围撒灰和在房屋前面撒灰演变而来。汲水是为了把龙神引进屋里来，晨忌挑水是为了避免碰触水中的龙头而使龙抬不起头来，招致水旱之灾。很明显，这些做法都是把龙当成了掌管雨水的水神。这在一些出土的彩陶盘上可以得到证明，彩陶盘底绘制了一条口衔麦穗的蟠龙，从中可以看出，当时这里的人们已经把龙当成了掌管雨水的水神，向它祈求风调雨顺、五谷丰登。这是迄今为止我们所发现的可以用来说明人们把龙当做水神进行崇拜的最早材料。民间也流行这样两句谚语："二月二，龙抬头；大仓满，小仓流"，"金豆开花，龙王升天；兴云布雨，五谷丰登"。

古时人们把龙当做掌管雨水的水神来崇拜

檐廊下的彩绘龙头

（四）人们自喻为龙

这种文化含义从剃龙头、戴龙尾等习俗可以看出。人们把自己（或儿童）的头说成是龙头、给儿童戴龙尾，显然是把自己或儿童比作龙，借龙抬头日这个特殊的日子讨个吉祥。我国有一条成语，叫"望子成龙"，就是父母希望子女长大以后有出息的意思。春秋末年，人们开始把有才能、有本领的人比作龙。例如，孔子就曾经把老子比作龙。战国末年，人们也曾经把秦始皇称为"祖龙"。封建时代，皇帝自命为真龙天子，将龙崇拜的这种文化含义窃为己有。现在，中国人自称"龙的传人"，将龙崇拜的这种文化含义解放出来。这些材料说明，人们喜欢把有出息、有本领的人比作龙，或者自喻为龙。

这些文化含义是龙文化的基本内涵，后来随着社会的发展又演变出许多象征意义，有了新的内涵。

（五）把龙当做祥瑞的象征

把龙当做祥瑞的象征是由把其当做保护神进行崇拜而来的。人们认为龙能保护自己，于是雕塑龙形、刻画龙纹等。即使把龙当做保护神来看，也可以是把龙当成是祥瑞的象征，因为把龙当做保护神进行崇拜就是为了祈求吉祥幸福。因此，人们总是把龙当做能够带来吉祥幸福的瑞兽，

舞龙表演

龙凤呈祥图

把龙的出现当做昭示吉祥幸福的瑞兆，古代统治者甚至把龙的出现当做是国泰民安的象征。于是，人们到处刻画龙纹、绘制龙形，无论是在器物上还是在衣服上。

在一种名为"龙凤呈祥"的图案中，龙凤都被当做祥瑞的象征，这种图案古往今来一直都非常流行。"龙凤呈祥"还是一种俗语，人们经常在饮食起居方面用"龙""凤"来给各种事物命名。所以说人们把龙当做祥瑞的象征。

（六）专制皇权的象征

龙的这种文化含义是由把龙当做百虫之长等文化含义演变而来的。人们把龙当做百

龙是皇权的象征

虫之长，认为龙具有非凡的本领和神奇的力量，能升天，能潜渊，能行云布雨，能辟邪御凶，是最有智慧、最有本领的动物，从而把有智慧、有作为的人比作龙。但是把龙当做是专制皇权的象征是与一位帝王分不开的，他就是刘邦。当时他为了获得民心、巩固地位，把自己说成是龙种。当然，我们知道这不过是其获得统治的一种手段而已，但是其后，慢慢地龙由象征专制君主转为专制皇权的象征。帝王就是龙种，是代表神灵来统治天下的真龙天子，其权力是神赐予的，任何人不得违背。

颐和园宜芸门匾额上雕
有精美的龙图案

中国古代历代皇帝都自称"真龙天子"，他们甚至垄断龙纹，不许其他人使用，只许自己使用。龙，成为专制皇权的特征。古代统治者为了加强统治，巩固地位，总是想方设法垄断龙纹，可是他们自己却滥用龙纹。从宫殿庙宇、服饰车舆到日用器具，到处雕刻绘制着龙形。所以，在皇家的御花园里，关于龙的雕塑和画面比比皆是。颐和园的正门东门，当你从门口走入以后，迎面进入仁寿殿的小门两边的墙上，就有一组活龙活现的浮雕。转过去的墙面上，依然是两组龙的浮雕。龙，在这里，象征着皇权，象征着统治王朝的貌似繁华……

（七）民族文化的象征

现在龙的象征意义发生了重要的变化，

不再是专制皇权的象征，而是民族文化的象征。作为中国文化的象征，龙在民间也以各种方式出现。现在把中国比作龙、把中华民族比作龙，这比把某个人比作龙的思想境界高得多。把中国比作龙，其主题是爱国与奋进。以龙代表民族文化，表示要继承优秀文化遗产，并且使之发扬光大。

到了当代，龙这一形象被赋予更积极的意义，泛化生发出一系列代表中华文化的精神。这种精神概括起来主要包括：昂扬奋进、刚健有力、奋发图强、积极进取、开拓创新、民族团结、包容和谐、和衷共济、自强不息、气度恢弘、永不言败。这种精神就是中国的精神，华夏文化的精神，即"龙的精神"。于是中国被称为"龙的国度"，中国人被称为"龙的传人"。龙成为世界上无数华夏儿女、炎黄子孙共同的心理图腾和精神寄托。至此龙不但成为中华民族发祥和祥瑞的象征，而且是整个中华民族的象征，整个华夏民族伟大复兴的象征。在鸦片战争时期，中国遭受空前的灾难，汉语中使用"龙困浅滩"来形容中国大地悲惨的境遇。而当代日趋强大的中国被誉为"东方巨龙"。

中国龙

巨龙腾飞

　　在民族象征方面，提到龙，人们很自然地想到中国，龙已经作为一种符号，变为一种精神，影响着整个中国大地。所以，龙成为民族文化的象征，成为激发人们爱国热情，鼓舞人们奋发向上的巨大精神力量。

五、何为「凤」

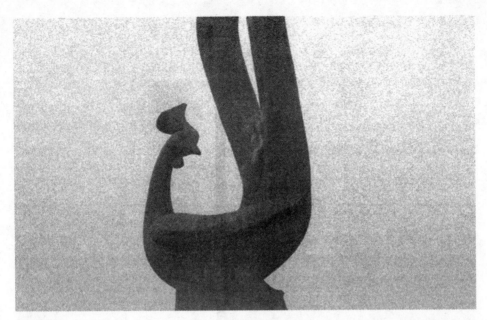

凤凰的形貌综合了多种动物的特点

在人们心目中，凤一直是美好形象的代表，象征着吉祥如意，是吉祥鸟。然而，凤到底为何物呢？我们将从凤的形貌和原型两方面进行探讨。

（一）凤的形貌

从凤的形貌来说，现在所流行的凤形：锦鸡首，鹦鹉嘴，孔雀脖，鸳鸯身，大鹏翅，仙鹤足，孔雀毛，如意胜冠。这些变化并不是一朝一夕形成的，而是经历了一个十分漫长的过程。

关于原始凤形象的文字记载主要有：

《南山经》曰："丹穴之山，……有鸟焉，其状如鸡，五彩而文，名曰凤凰。"

凤凰剪纸

《说文》曰："凤，神鸟也。天老曰：'凤之象也，鸿前麟后，蛇颈鱼尾，鹳颡鸳思，龙文虎背，燕颔鸡喙，五色备举。'"

《尔雅·释鸟》曰："鸡头，蛇颈，燕颔，龟背，鱼尾，五彩色，其高六尺许。"

《禽经》曰："鸿前、麟后、蛇首、鱼尾、龙文、龟背、燕颔、鸡喙、骈翼。"

《山海经·图赞》说有五种像字纹："首文曰德，翼文曰顺，背文曰义，腹文曰信，膺文曰仁。"

凤是传说中的神鸟，其形貌集合了多种动物的形貌特征，并经过创造性的艺术加工而形成。在人们看来，凤的每一个形

凤凰是人们根据自己的
愿望和要求想象出来的

貌特征都具有某种特殊的象征意义：如意冠
表示称心如意，鹦鹉嘴表示动人的音乐，孔
雀羽象征吉祥，鹤足代表长寿，鸳鸯身寓意
为美满的爱情，大鹏翅则表示鹏程万里，等
等。显然，具有这些形貌特征的动物在自然
界中是不可能存在的。就形貌而言，凤是人
们根据自己的愿望和要求想象出来的，是人
们心目中的理想事物的化身。

（二）凤的原型

凤是传说中的神鸟，在前面，我们对凤
的形貌问题进行了探讨。凤的形貌是集合了

许多动物特征，经过创造性的艺术加工而形成的理想形象。这种动物在自然界是根本不可能存在的，完全是人们虚构出来的形象。但是，无论人们的想象力多么丰富，都不可能凭空去想象，他们的想象总是会有所依据的，这个依据就是凤的原型，找到了这个依据，也就找到了凤的原型。怎样去寻找这个依据呢？我们从凤的形貌入手。

凤凰剪纸

徐整《正历》曰："黄帝之时，以凤为鸡。"

《孝子传》曰："舜父夜卧，梦见一凤凰，自名为鸡。"

《韩诗外传》曰："鸿前而麟后，蛇颈而鱼尾，龙文而龟身，燕颔而鸡喙。"

《尔雅·释鸟》曰："鸡头，蛇颈，燕颔，龟背，鱼尾，五彩色，其高六尺许。"

当代民间艺人画凤技法中谈到："锦鸡首、鹦鹉嘴、孔雀脖、鸳鸯身、大鹏翅、仙鹤足、孔雀毛、如意胜冠。"其中明确指出凤头是鸡首。现在，我们在绘画、雕塑、刺绣等作品中所见到的凤形，无不具有这一特征。

从以上我们可以看出他们的共同特征

妇好凤型玉佩

是：都与鸡尤其是鸡头密不可分。因此，我们可推断出鸡就是人们所赖以想象出凤的依据，凤的原型就是鸡。

另外，我们现在常把鸡爪称为"凤爪"、鸡翅称为"凤翅"、鸡腿称为"凤腿"等；还说"鸡窝里飞出金凤凰"，是说鸡可以升华、神化为凤；"落地的凤凰不如鸡"是说凤也可以降格，俗化为鸡；又说"凤凰落毛本如鸡"，这些都把鸡和凤连在了一起，这也可以作为鸡是凤的原型的又一佐证。

六、凤的名称及其来历

凤穿花将军罐

我们现在称之为吉祥鸟的"凤",有没有其他称谓?其名称经历了一个怎样的变化过程?凤是如何产生的?

（一）凤的名称

凤自产生以来,不仅有许多别称,更经历了一个由雄到雌的变化过程。

1. 凤的别称

凤是人们以现实为基础集合多种动物特征虚构出来的理想灵物。它虽然在现实中根本不存在,却符合一般禽鸟的结构,是禽类的结合体。在漫长的岁月演变中,凤的别称日益增多。

（1）天鸡,凤的早期称呼。

（2）鸾鸟,《广雅·释鸟》曰:"鸾,凤凰属也。"

（3）夔凤,夔是一种想象性的神怪动物,大致形态为蛇状单足,夔凤就是长条形单足的早期凤形象。在商周青铜工艺上常用来做装饰,造型特点是闭嘴瞪眼,长冠卷尾,昂首凝视,规矩严谨。

（4）青鸾,是一种善于歌唱、五彩俱备而以青色为主的鸣禽,体形比凤略小。

（5）白鹄,浑身纯净洁白,因此,又称

"白凤",象征高贵、皓洁、和平,当它与其他鸟混杂在一起时,显得格外高雅、华贵和悦目,深得古代高雅之士的喜爱。

(6)丹凤,凤的美称。丹表示红,古人认为是象征南方的色彩。太阳是三辰(日、月、星)之首,寓有光明、幸福之意。"丹凤朝阳"是明清时期常用的吉祥图案。

2. 凤由雄到雌的演变

凤从代表男性到最后象征女性,也即由雄到雌,这个转变经历了长期的过程。

众所周知,凤是凤凰的简称,雄曰凤,雌曰凰,由此凤凰本身就具有雌雄之分。在人们的心目中,凤凰就是一对永不分离的伴侣。

丹凤朝阳是常用的吉祥图案

在春秋末年卦辞里有"凤凰于飞，和鸣锵锵"，这代表了婚姻吉祥，后来人们便把"凤凰于飞"比喻为夫妻恩爱，还有用它来贺婚的。前面谈到司马相如所作"凤求凰"就是以自己比凤、以卓文君比凰，希望与其似凤凰那样比翼双飞。从此，"凤求凰"便常用来比喻美好的爱情。

在宋代以前，凤与龙一样，常用来形容一些杰出的男性。如孔子被誉为凤，诸葛亮为卧龙，庞统为凤雏。陆云六岁能文，闵鸿见了叹为神童："此儿若非龙驹，当是凤雏。"唐初马周曾以"鸾凤凌云"颂喻唐太宗。唐代李白常把自己比作凤，喻自己怀才不遇。这些例子可以说明直到唐末五代，民间一直以凤作为男性的象征。汉朝定下制度，皇帝

凤求凰石刻

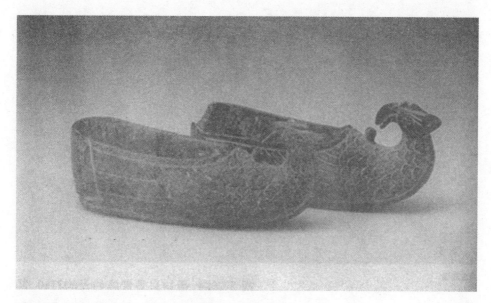

凤头鞋

乘坐的车称为凤辇，帝王的皇宫称为凤阙或凤楼，皇帝仪仗所用的华盖称为凤盖，奉诏称为"凤举"或"凤诏"等，也说明凤是男性的象征。此时的凤与龙还没有性别方面的对应关系。

凤由代表男性到代表女性的转变大约经历了一千多年的历程，其间有两个历史人物对这种转变起过重要的作用，一个是秦始皇，一个是武则天。秦始皇令三妃九嫔头插凤钗，足登凤头鞋，第一次把凤与女性的装饰联系起来，与后来凤的女性化有极大的关系。汉代出现了以金凤形象为主的步摇。汉制还规定：太皇太后、皇太后入庙，一定要以凤凰为冠饰。凤钗最初

凤凰冠饰

只是贵族妇女的饰品，甚至只限制在皇室，后来逐渐在民间流行。贫家女出嫁，备不起金银首饰，也要插一支铜凤钗以示喜庆和风光。凤与女性有了越来越密切的关系。追根溯源，是秦始皇开的头。

武则天对其转变也起了重要的作用。武则天做皇帝，不搞龙瑞而制造凤瑞，有自比为凤的意思。唐高宗死后，武则天以皇太后身份临朝称制，儿皇帝只是摆设。为了显示她崇凤，就把中书省改称凤阁，门下省改称鸾台。更加明显的一次是载初二年九月五日，据《资治通鉴·唐纪》载，这一天"群臣上言，有凤凰自明堂飞入上阳宫，还集左台梧桐之上。"四天之后，武则天就"革唐命，改国号为周，改元为天授"，成了中国历史上唯一的女皇帝。可见，武则天是煞费苦心要把凤和自己联系起来，这为后来凤成为女性的象征开了先河。

在以后很长的一段时间里，人们还是把凤和男性相联系。民间男性的服装绣有凤形纹样也是常见的，古代女子给别离的丈夫制作对凤衣，是因为凤是吉祥如意的象征，希望丈夫外出吉祥如意。同时，凤、逢同音，对凤，有成对、相逢的含意在里面。由此可知，凤到唐代还没有完成女性化转变。

到北宋初年，萧史和弄玉的故事结尾被改成"弄玉乘凤，萧史乘龙而去"，出现了男乘龙、女乘凤的区别。这说明，至迟在北宋初年，凤的女性化已得到了人们的确认。当时无论南北以凤象征女性已成定势。最能显示出凤女性化的，是皇室的舆服制度。宋代，皇帝、皇后在舆服上的龙凤分化已经逐渐明确起来，皇帝的车舆以龙饰为主，皇后的车舆以凤饰为主，但还不固定。直到明代，帝后车舆上的龙凤区别才十分明确了，皇帝玉辂上的一切装饰、雕饰、纹饰全是龙纹，后妃则全是凤纹。此时凤象征女性，已经在制度上固定下来了。因此，宋以后，便少见以凤喻才智出

皇后所穿的凤袍

孝庄文皇后朝服像

众之男士了，其原因并不主要是统治者对凤的垄断，而是宋以后凤已是女性代表的缘故。

清代帝王陵寝内保存着历朝皇帝皇后的朝服像，从中可以看到皇帝坐的是龙椅，皇后坐的是凤椅。慈禧陵前的龙凤彩石构图与众不同，其他陵墓一律是左龙右凤，龙凤位置与帝后座次相同，独有慈禧是上凤下龙，象征着垂帘听政。清朝皇帝皇后坐的车也和明代一样，帝龙后凤区别十分明显。对比汉代皇帝御凤凰车，帝座称之为凤辇，充分说明凤在当时仍是代表男性的。宋以后首先在宫廷里，然后在民俗心理上，完成了女性化的转变。民间俗语说："生子如龙，生女如凤。"显然都是宋以后的观念。凤成了女性专有的代称。

（二）凤的来历

要谈凤凰的起缘离不开龙，凤到底是怎么来的呢？我们已经知道轩辕黄帝统一了三大部落、七十二个小部落，建立起世界上第一个有共主的国家后，在原来各大小部落使用过的图腾基础上，创造了一个新的图腾——龙。

那么凤凰又是怎么来的呢？"龙"的图

嫘祖塑像

腾组成后，还剩下一些部落图腾没有用上，
这又如何是好呢？黄帝第一妻室嫘祖是一
位绝顶聪明的女人，发明创造了许多东西。
她发明了养蚕，便给黄帝制作了衣冠。嫘
祖受到黄帝制定的新图腾的启示后，她把
剩余下来的各部落图腾，经过精心挑选，
细心端详，也仿照黄帝制定的龙图腾的方
法：孔雀头，天鹅身，金鸡翅，金山鸡羽毛，
金色雀颜色……组成了一只漂亮华丽的大
鸟，嫘祖叫来黄帝另外三位妻室征求她们
的意见。方雷氏是个有心计的女人，她对
嫘祖说："姐姐，你组成的这只大鸟像只
美丽的大公鸡，可就是个单身汉，水中的
鸳鸯还是成双成对呢！"一席话提醒了嫘
祖。当时，彤鱼氏，嫫母也齐声叫好，都

嫘祖像

说方雷氏说得有道理。她们姐妹四人，一齐动手，把剩余下来的，没有用到'龙'图腾上的其他小图腾，很快地组合成了另一只华丽的大鸟，正好和嫘母组成的大鸟配成一对。可是，把它们叫什么名字呢？这下可把黄帝四位妻室都难住了。最后，她们还是请来足智多谋的风后、造字的仓颉，叫他俩给这两只大鸟取个名字。风后看罢，哈哈大笑说："黄帝制作了一条'龙'，世界上各种飞禽走兽中找不到它，你们四人又制作了两只大鸟，空中飞翔的鸟群中也找不到它。这就成为世界上最珍贵的吉祥物。"仓颉全神贯注，一直在仔细地观看这两只鸟，一句话也没有说。

直到嫘祖问他时，仓颉把早已想好的名字脱口而出："我看就叫'凤'和'凰'。凤，代表雄，凰，代表雌，连起来就叫凤凰。"

"好！我赞成，就叫凤凰。"

原来，谁也没注意到，黄帝早已站在他们身后，倾听着他们的谈论。现在既然黄帝赞成叫凤凰，就请黄帝作最后决定。黄帝沉思了半天，才说："在世界上生存的飞禽走兽中没有龙凤，它的高贵处就在这里。我看，还是风后说得对：这两种图腾谁也不会伪造，给后世的子孙万代也立下规范。我同意，'龙凤'就正式定下来，作为新部落统一联盟后的新图腾"。这就是"凤凰"的来历。

团凤纹盘

龙凤是中华民族的
伟大象征物

　　五千年来，中华民族都接受了龙凤的神话传说，龙凤成为中华民族的伟大象征物，成为每个中国人的精神支柱。广大人民也把龙凤作为吉祥物，所以，中国人走到哪里就把龙凤带到哪里，在世界各地只要有龙凤，就有中国人。

七、凤的传说故事及其崇拜

和龙一样，凤的神话传说很多，在这些传说故事中，凤也被赋予了种种的神性。

（一）凤的传说故事

在神化过程中孕育成长起来的凤鸟，在某种意义上，她比龙更接近自然形态而更富于人性化，具有一定的情感因素，更能获得人们的亲近和喜爱。关于它的传说故事主要有以下几种：

传说在很早以前，百鸟无忧无虑地生活在美丽的大森林里，天天欢乐歌唱。有一只羽毛朴素的、不受群鸟注目的小鸟，名字叫做凤凰。她不像其他鸟儿那样，只管玩乐，而是从早到晚忙碌着采集各种果实，还把别的鸟扔掉的食物一起收藏在山洞里。喜鹊讥笑她是"财迷精"，乌鸦讽刺她是"小傻瓜"。

龙和凤都被赋予了种种神性

但凤凰并不生气，日复一日，年复一年地
辛勤操劳。后来，有一年发生了大旱灾，
茂盛的森林也几乎枯萎，百鸟找不到食物，
有的头昏眼花，有的气息奄奄……这时，
凤凰把自己多年积存的食物，都分给百鸟，
终于使众鸟渡过了难关。百鸟感激凤凰的
救命之恩，赞颂她的高尚情操，每只鸟都
从自己身上选了一根最漂亮的羽毛，做
成一件五光十色、绚丽耀眼的"百鸟衣"，
献给了凤凰。从此，凤凰成了最美丽的鸟，
并被推选为"百鸟之王"。每年凤凰生日，
百鸟都要飞去向凤凰祝贺。"凤凰"从此
成为世上美好事物和崇高品格的象征，而
"凤凰"的形象，进入了装饰艺术领域，
给这领域增添了无比的光彩。

《东周列国志》记载一则故事：秦穆公有一女，名弄玉。姿容绝世，聪颖无比，善吹笙，不求乐师而自成音调。穆公令巧匠剖玉作笙，弄玉吹之，声如凤鸣。穆公乃为之修筑"凤楼"，楼前并建"凤台"。一夜，弄玉在"凤楼"见天净云高，明月如镜，乃取出玉笙临窗而吹，其声清悦，回荡天际，忽闻和声随风传来，若远若近，幽雅清奇。弄玉停笙而听，则和声亦随之而止。弄玉惘然，置笙就寝。夜梦西南天门洞开，霞光灿烂，一英俊男子戴羽冠，披鹤氅，骑彩凤自天而降；登凤台，对弄玉曰："吾乃太华山之主，上帝旨，与你完婚，天缘也。"腰间解下赤

凤凰朝日

玉箫，倚栏吹之，彩凤争翼鸣舞，凤声与箫声相和，弄玉不禁神思迷恋……次日，弄玉禀穆公，令人到太华山寻萧史归。穆公请奏箫。萧史才吹一曲，清风习习；奏二曲，彩云四合；奏三曲，白鹤成对，翔舞空中，孔雀数双，栖集林际，百鸟鸣，经多时方散。穆公惊问原委，萧云："箫声和美，极似凤鸣，凤乃百鸟之王，故百鸟皆闻声而翔集。昔舜作箫韶之乐，凤凰应声而来仪。凤凰且可来，何况其他鸟乎？"萧史、弄玉婚后，夫妻和睦，日居"凤楼"，渐不食人间烟火。萧史教弄玉奏《来凤》之曲。约半载，一夜，夫妇月下吹箫，有紫凤集于台左，赤龙盘于台右，于是萧史乘赤龙，弄玉乘紫凤，双离凤台，翔云而去。

汉代还流传一个故事：文学家司马相如，少年家贫。有一次去富商卓王孙家饮酒，无意中发现卓王孙有一在家寡居的年轻女儿，叫卓文君。相如一见钟情，就弹起凤凰琴，唱起"凤兮凤兮归故乡，遨游四海求其凰"表示爱慕之情。卓文君听了十分感动，于是连夜随司马相如私奔，后结成夫妇。"凤求凰"一词，从此用来喻

百鸟朝凤

龙凤呈祥

青年男女之间的爱情。

　　大概是由于这些优美动人的故事传说，在装饰纹样上便出现了"吹笙舞凤""吹箫引凤""鸾凤和鸣""鹤飞凤舞""百鸟朝凤""龙凤呈祥"等一系列寓意吉祥的图案，凤鸟图案已成为一种清新、生动、活泼的艺术形象，并逐渐发展为民族装饰艺术的代表和象征之一。

　　（二）凤的神性

　　神话传说往往不严密，随意性较大。综合各种材料来看，凤的神性主要表现在以下几个方面：

1.百鸟之王

古代传说中凤为羽虫之长的说法比较普遍。羽虫指飞禽类。《大戴礼记·易本命》曰："有羽之虫三百六十，而凤凰为之长。"《尔雅·释鸟》曰："凤，神鸟也，俗呼鸟王。羽虫三百六十，而凤为之长。"《淮南子·地形训》曰："羽嘉生飞龙，飞龙生凤凰，凤凰生鸾鸟，鸾鸟生庶鸟。凡羽者生于庶鸟。"从这些文献记载来看，人们都是把凤作为鸟中之王来看待的。

2.兆瑞

古人认为凤能"究万物，通天地，象百物，达乎道，律五音，成九德，览九州，观八极"，可见它是无所不能的瑞鸟，出

人们把凤凰看做鸟中之王

则天下安宁，国泰民安。《说文》曰："凤，神鸟也……见则天下大安宁。"凤的出现成了一个时代的政治清明、太平盛世的标志。春秋期间，孔子目睹天下纷争、周文明衰落的局面而感叹道："凤鸟不至，河不出图，吾已矣夫！"古人还以凤具体的五种行止来标示政治的清明程度，《韩诗外传》曰："得凤之象，一则过之，二则翔之，三则集之，四则春秋下之，五则没身居之。"可见凤具有兆瑞的神性。至于具体的陈说和记述就更多了。在汉代，各地都有上报见到凤的记载，其目的是利用民间以凤作为瑞鸟这种民俗观念来巩固其统治。

凤凰具有兆瑞的神性

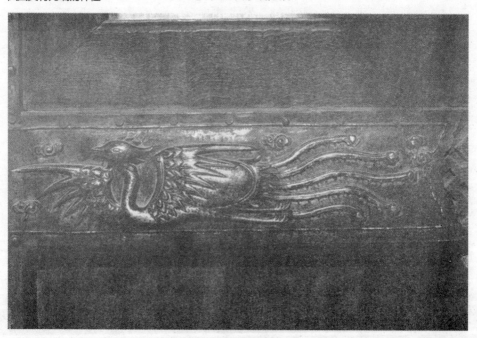

3. 秉德

人们将凤与某些道德概念联系在一起，说它是："首文曰德，翼文曰义，背文曰礼，膺文曰仁，腹文曰信。"这是将人间的五种德行与凤联系在一起了。《抱朴子》将这五种德行规范成人们通常说的"仁、义、礼、智、信"，且同"五行"即"木金水火土"相对应。同时，凤还有"六像九苞"说，"六像"是头像天、目像日、背像月、翼像凤、足像地、尾像纬。"九苞"是口包命，心合度，耳听达，舌诎伸，彩色光，冠矩州，距锐钩，音激扬，腹文户，这些都反映了凤秉德的神性。

凤秉什么"德"呢？当然是道德之"德"，德行之"德"，德政之"德"。品行高洁，动静有节，克己奉公，惠及苍生，从善如流，勤政爱民等等，都在这个"德"字之中。凤之秉德，是与人们对理想帝王、理想人杰的期待、褒赞和肯定相吻合的。既然天上的百鸟之王是很圣明的，那么人间的帝王、圣人也应是圣明的，为人们谋幸福的。而人间的帝王、圣人只要有德于众生，那么天上的神鸟凤凰就会喜欢他，追随他。所谓："上感皇天则鸾凤至""天

凤凰是吉祥如意的象征

凤的传说故事及其崇拜

089

枢得则凤凰翔""德至鸟兽凤凰翔""恩及羽虫凤凰翔"，无一不渗透着凤秉德这一神性。

4. 喻情

凤具有喻情的神性。凤凰本身就是"雄为凤，雌为凰"。《诗经·大雅·卷阿》曰："凤凰于飞，翙翙其羽。"意思是"凤凰雌雄双飞，翅膀扑扑直响"。后来，人们常用"凤凰于飞"来比喻爱情美满，夫妻和谐。

我们已经知道汉代文学家司马相如追求卓文君的爱情故事。其时，司马相如还是一介寒士，偶然的一次赴宴机会对卓文君一见钟情。他抚琴弹唱倾吐衷肠："凤兮凤兮归故乡，遨游四海兮求其凰。""凰兮凰兮从我栖，得托子尾永为妃。"司马相如在这首后来被人们命名为《凤求凰》的琴歌中将自己比作凤，将卓文君比作凰，希望与之比翼双飞。从此，"凤求凰"便常用来比喻美好的爱情。表示凤凰"喻情"的传说故事还有不少，如《凤凰帽的传说》《金凤凰》等。

5. 驱邪

在砖头、瓦当上刻上凤纹，目的是驱邪。让凤鸟把守墓门、棺枢，以保护死者不受鬼蜮的侵扰和早日升天。为了能让死者的灵魂

雄为凤、雌为凰，凤凰是美好爱情的象征

早日升天,人们还把天上的仙子和凤画在一起。这样,凤便成了沟通人神、连接阴阳二界的使者。

在民间建筑中,用于驱邪的凤造型随处可见。民居的门庭、窗子上饰有凤纹,还有的在屋顶或屋檐上摆放刻有凤纹的饰物等,这些凤造型都是人们用来镇宅驱邪、祈求全家平安的。

以上就是凤所具有的神性,正是因为有了这些神性,凤才得到持久的崇拜。

与龙一样,我们到处可以感受到凤在社会生活中的存在,可以发现人们对凤的崇拜无处不在。

(三)凤的痕迹

从古代到近代,凤的痕迹无处不在。远古时,凤的地位高于龙,出土的文物中,如楚国时期的一些壁画、帛画中,凤占主导地位,展翅飞翔的凤敢于追啄龙。后来两者的位置出现了变化,尤其是在漫长的封建社会中,龙成了历代帝王的"图腾",其他任何人是不能用的。而凤则降为附属的位置,用于皇后嫔妃等。到了清代慈禧太后时,她为了突出自己,便一改龙凤的

凤袍

煌煌五千多年中华文
明史无处不有凤文化
的踪影

位置。清东陵的慈禧太后墓宫中的壁画，都是凤在上，龙在下，与其他的龙凤图截然不同。总之，在专制社会里，到处可以看到凤的踪迹。

深受人们青睐的凤凰逐渐走进民间，受到老百姓的喜爱，在衣食住行等方面到处都有凤的身影，如穿戴有凤冠、凤鞋、凤钗；吃有凤翅、凤爪；住有凤楼；节日或婚娶喜庆时，剪个凤凰贴在室内，满堂生辉；出行有凤辇、凤扇；吹奏有凤笙、凤箫等；还有龙飞凤舞、龙凤呈祥、凤毛麟角等成语；给女孩子起名，如凤翔、凤丽、凤云、凤君、文凤、金凤、银凤、丹凤等。特别是凤的精神鼓舞着女性的崛起，生活在穷乡僻壤的众多女子在市场经济大潮中敢于拼搏奋斗，与时俱进，成为时代的佼佼者，人们便赞美她们是"山沟里飞出的金凤凰"。

煌煌五千多年中华文明史无处不有凤文化的踪影，它与龙文化一样成为中华民族的象征，激励着华夏儿女继往开来，创造着美好的明天。与龙一样，凤是我们最熟悉也是最难弄懂的一种神鸟。从某种意义上说，现实生活中的鸟给了我们许多启示，她不像龙那样属于纯粹的想象。雉鸡、孔雀等鸟类似

乎都含有凤的身影。

（四）凤的崇拜

凤，这种美丽而又神奇的巨鸟，尽管事实上是不存在的虚拟的瑞鸟，却一直是中国古代先民崇拜的对象。人们认为她能带来光明，让祥瑞降临于世；她又是"百鸟之王"，美丽动人。她的出现，预兆天下太平，人们能生活得更加美满幸福。故而，几千年来，中国人一直把凤看作是美丽和幸福的化身。

《尔雅》记凤凰"见则天下安宁"，是使天下安宁的祥瑞之禽。秦汉以来，有关凤鸟见、凤鸟至、凤鸟来仪的记载，屡见史册，用来宣扬太平盛世的祥瑞。凤鸟进入历代皇室，则与象征皇帝尊严的龙相匹

龙凤皆为神灵之物，为人们所崇拜

配，成为象征皇后的神鸟，于是出现了有关凤鸟的高贵吉祥图饰，皇宫内的用品也多以凤命名，如凤辇、凤冠、凤池等。凤也成为人们崇拜的"四灵"之一。

凤鸟既然是美丽神灵的物类，人们在衣、食、住、行的多个方面，便都喜爱用凤鸟作装饰纹样。凤鸟题材常常应用于宫廷、民间的各种各样的工艺美术品上；历代工匠画师、民间艺人以极其丰富的想象力和艺术刻画力，创造性地描绘出各式各样、多姿多彩的凤鸟纹样。艺术家集天下鸟类之美丽于凤鸟一身，遂使她的形象更加完美无瑕。在中国装饰艺术史上，凤纹以其独特的民族形式和艺术魅力，作为中华民族的文化象征之一，当之无愧。

民间赋予了"凤"许多短语及吉祥语：龙飞凤舞、龙凤呈祥……

凤凰冠：古代贵族妇女所戴的礼冠，因装饰着凤凰而得名。此冠以金属丝网为胎，上缀点翠凤凰，并挂有珠宝流苏，曾一度成为太皇太后、皇太后和皇后祭服的冠饰。后来又把凤冠确定为礼服冠饰：后宫妃子在隆重的场合，都要戴凤冠。有时汉族女子在婚礼或入殓时也戴凤冠。

百鸟朝凤：凤凰为百鸟之长，群鸟皆从其飞，这与人间的君臣之道相合，故以凤凰比喻君臣之道。民间美术、工艺品中常常绘制百鸟朝凤的图像，表示天下太平、祥瑞。

有凤来仪：因凤是传说中能给人带来幸福、和平的吉祥鸟，因此，有凤来仪象征贵人来临和吉祥喜庆。

凤戏牡丹：牡丹既是富贵的象征，又是美女的象征。凤凰戏牡丹，有调戏，嬉戏的含义，暗喻男女相爱，又有吉祥富贵之意。

龙凤呈祥：龙凤都是传说中想象出来的神物，不仅形象优美生动，而且被赋予

清代青花凤戏
牡丹图大盘

龙凤结合寓意着人们对新婚
夫妇美好幸福生活的祝愿

了许多神奇的色彩。龙能降雨祈求丰收，同时象征皇权；凤凰风姿绰约、高贵，象征美丽、仁爱。龙凤又被用来形容有才能的人，龙凤结合是太平盛世、高贵吉祥的表现，在民间又是对新婚夫妇美好幸福生活的祝愿。

鸾凤齐鸣：鸾鸟是古代传说中凤凰一类的神鸟。鸾鸟象征人之高贵，"鸾凤齐鸣"比喻夫妻恩爱和美，是民间广泛流传的吉祥祝福。

八、凤文化的含义

凤的文化含义是人们所赋予凤的文化含义，即凤崇拜的文化含义。凤文化含义的演变过程，是由简单到复杂不断变化的过程。数千年以来，凤文化主要有以下几种含义：百鸟之王，保护神，祥瑞的象征，爱情的象征，专制皇权的象征，民族文化的象征。

（一）百鸟之王

凤崇拜刚产生的时候，人们只是把凤当做能够辟邪御凶的灵物。这个时期，人们赋予凤的本领比较少，还没完全神化。凤的形貌也比较简单，与鸡差不多，没有多大的变化，比较写实。晚于仰韶文化的甘肃马家窑文化遗址出土的彩陶，凤的装饰题材比较普遍，形貌也发生了变化，凤纹也逐渐旋涡化。

高贵的凤凰

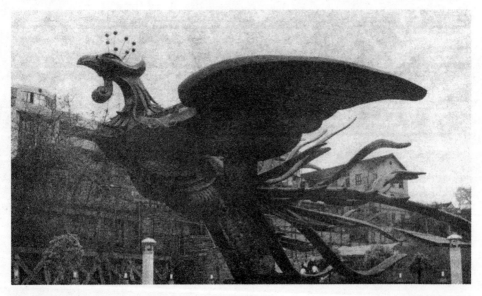

凤凰成为鸟中圣者

到了春秋战国时期，又添加了一些其他动物的形貌特征，凤逐渐具备了多种动物的形貌特征，人们把凤作为百鸟之王的观念逐渐明确。

《大戴礼记·易本命》曰："有羽之虫三百六十，而凤凰为之长。"这是说凤为羽虫的最高统帅。到了东汉，王充称："夫凤凰，鸟之圣者也。"凤成了鸟中的圣者。晋张华《禽经》曰："凤之属三百六十，凤为之长。"凤成为百鸟之王这一观念就更加明确了。把凤当做百鸟之王，是将凤神化的结果。人们认为凤具有非凡的本领和神奇的力量，其他一切鸟类都不能与之相比。

古代传说凤是百鸟之王．只要凤崇拜的观念存在，凤作为百鸟之王的观念就不会改变。

（二）保护神

如上所述，凤是百鸟之王，人们便把凤当做保护神进行崇拜，这是凤崇拜最原始的文化含义。《山海经·海内西经》曰："凤凰鸾鸟皆戴蛇，践鸟，膺有赤蛇。"又曰："凤凰鸾鸟皆戴盾。"凤显得极其英武,强大有力。于是，人们把凤当做能够辟邪御凶的灵物，向它祈求吉祥幸福，这个灵物就成了保护神。古人认为，作为房屋的第一道防线，屋脊和屋顶是极其重要的，而正对路冲或位于交叉路口的房屋，受妖邪侵犯的可能性更大。因此自古就有以灵物镇守屋顶的习俗。秦汉时

龙与凤都是古时人们认为的保护神

期，许多砖头、瓦当上雕刻着凤、龙和虎等形象。主要是因为凤是神鸟，且是百鸟之王，人们认为只要在瓦当上雕刻这些灵物，则一切妖魔鬼怪都不敢来侵害房屋主人了。显然，这是把凤当做保护神来崇拜，用来辟邪御凶。画像砖和画像石是由瓦当上的图饰和画像演变而来的，不仅用于房屋，而且用于墓穴的石棺、墓志、墓碑，这里也是利用凤是神鸟的神性来守卫死者不受鬼魅的侵扰和希望死者的灵魂早日升入天界。

绘有龙凤纹案的青花瓷器

今天，人们还在屋角或屋顶摆放凤形雕塑。在砖混结构的、已没有了屋脊的现代化的房屋中，人们甚至还把陶瓷等材料做成的凤摆放在屋檐边，这与放在屋顶的凤的功能是相同的。尽管人们已经明白，这些凤造型并不能为他们带来真正的平安，但是，平安仍然是人们所追求的，这正是凤崇拜继续存在的原因之一。

（三）祥瑞的象征

把凤当做祥瑞的象征，是从把凤当做保护神进行崇拜转化而来的。人们把凤当做保护神进行崇拜是为了祈求吉祥幸

清代青花凤凰牡丹
瓜棱大瓶

福，也正因为这样，人们总是直接地把凤当做能够带来吉祥幸福的瑞鸟，把凤的出现当做昭示吉祥幸福的瑞兆，古代统治者甚至还把凤的出现当做国运昌盛的象征。明朝有诗道："飞来五色鸟，自名为凤凰。千秋不一见，见者国祚昌。"因此，人们在建筑、服饰、日用器物上刻画凤纹、绘制凤形图案，以求吉祥幸福。又常有人为了迎合统治阶级的需要而上报见到凤。天老曰："臣闻之，国安，其主好文，则凤凰居之；国乱，其主好武，则凤凰去之。"所以历代皇帝都热衷于制造龙瑞、凤瑞来粉饰太平，那些开国皇帝更是处心积虑制造龙瑞、凤瑞，以之作为自己登基的前奏曲。

凤还被皇帝用来当做年号，一些皇帝（如汉宣帝等）用凤作过年号，并大赦天下。"凤见"现象在封建社会从来就不曾间断过，并且愈演愈烈，其目的不过是粉饰太平，巩固其阶级统治。

作为祥瑞的象征，凤当然是民间吉祥图案中的重要题材，并被广泛地运用于日常生活的各种场合。人们以凤命名人名、地名等，都是希望凤能给人们带来吉祥和幸福。

吉祥幸福是人们永恒的追求。现在仍在流行一种名为"龙凤呈祥"的图案。其中，凤和龙仍然被人们视作一种寄托平安、幸福愿望的吉祥物。

（四）爱情的象征

凤是祥瑞的象征，能给人们带来吉祥和幸福，自然也包含了爱情的幸福。于是，凤便有了象征爱情的含义。

"凤凰于飞，和鸣锵锵"，意思是说凤凰雌雄俱飞，相和而鸣，锵锵然。后来就被人们用来祝贺婚姻美满，比喻夫妻和谐。另外前面讲过的萧史弄玉的故事比较突出地展示凤象征爱情的含义。到北宋初年，

粉彩凤凰牡丹纹梅瓶

精美的凤钗

凤雌性化以后，该故事结尾变成萧史乘龙、弄玉乘凤而去。说明此时龙凤在人们心目中已是美好的一对。

古代还流行以赠送凤钗来定情。凤钗是妇女的一种首饰，男女订婚或私恋幽会，女方多以凤钗赠与男方，以表示对爱情忠贞，终生不易其志。到了唐代，发展为凤嘴上衔同心结以示象征幸福的爱情。唐代铜镜有《美凤衔同心结图》，以凤嘴衔同心结的凤纹象征幸福的爱情。隋唐时期已较普遍地将同心结象征夫妻恩爱。到明代，人们结婚时，女方穿的礼服叫"凤冠霞帔"。凤冠是一种以金属丝网为胎，上缀点翠凤凰，并挂有珠宝流苏的礼冠。到了现在，人们仍把凤作为爱情的象征。结婚点龙凤花烛，贴凤形图案或龙凤图案等。

（五）专制皇权的象征

把凤当做专制皇权象征的文化含义是由凤是百鸟之王等文化含义演变而来的。

早在春秋战国时期，人们就开始把有本领、有作为的人比作凤。例如，楚狂接舆就曾经把孔子比作凤。凤象征专制皇权，凤鸟至，帝王出，成为王权更新的代名词，从传说一直扩展到整个封建王朝。在传说中，舜就是凤的化身。一部托名刘向编撰的《孝子传》记载了这个民间传说：舜的父亲夜间睡觉，梦见一只凤凰飞来，自称是鸡，口中衔了米来给自己吃，还说："鸡就是你的子孙。"仔细看去，分明是凤凰。相传周武王为了能取胜，随机应变，以凤鸟的图案装潢自己的帅旗，以借助凤鸟的神力。越王登基时，也凭借凤鸟的神威保驾。以致后来，各地多处营造凤凰台。以至凤为帝之别名，凤城为帝王的都城。凤的出没，成了帝王兴衰之兆头，凤与朝代更新连在一起。凤为帝象，曾长期是中国封建社会帝王的一种民俗标志。大凡与帝王相关的事物，也被冠以凤名。帝王的皇宫称为"凤阙"或"凤楼"，皇帝乘坐的车称

皇后凤冠

凤文化的含义

为凤辇，皇帝仪仗所用的华盖称为"凤盖"，太皇太后、皇太后、皇后都戴凤冠。他们甚至垄断凤纹，只许皇宫使用，不许他人使用。元朝专门颁布诏令规定，除帝王后妃外，其余任何人不许服龙凤纹。汉唐以后，由于龙崇拜愈演愈烈，龙在宫廷地位的急剧上升，使凤与帝王的关系遭到削弱，逐步退居后宫，主要成为皇后、嫔妃的象征。封建专制统治被推翻以后，凤作为专制皇权象征的这种文化含义也就不复存在了。

（六）民族文化的象征

随着封建专制统治被推翻，凤的象征意义也发生了深刻的变化。人们不再把凤当做专制皇权的象征，而是把它当做民族文化的象征。

距今约六七千年前的中国原始彩陶文化中，已有凤形象的雏形。河姆渡文化遗址出土了"双凤朝阳"象牙雕，距今三千五百多年前的商代青铜器出现了公认的凤纹。以后中国历代的装饰艺术，包括建筑、交通工具、礼器、兵器、木器家具、金工器皿、陶瓷、染织刺绣、文房四宝、民间玩具、民间剪纸、商品装潢等都能发现凤纹。千百年来，许多

汉代玉镂雕螭凤纹秘

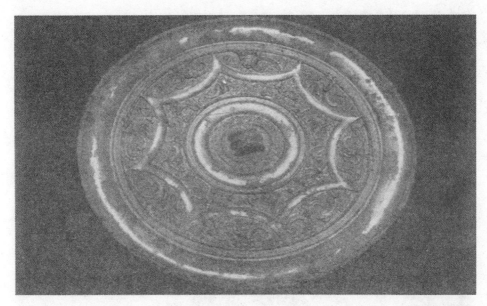

战国莲弧凤纹镜

地区、许多民族的人民，都曾在自己的劳动生活中，创造过许多以凤为题材的艺术珍品。这些凤纹艺术是传统艺术的代表，反映了中华民族的审美趣味。从龙凤艺术的角度，也可看出中华民族文化发展的轨迹以及生活方式、风俗习惯和审美观念的变化。凤的艺术形象给人以巨大的精神力量，它与龙一样，是中华民族的象征。

从以上论述可以看出：凤的文化含义经历了漫长的演变过程，它随着时代的变迁而不断变化。同时，它又具有鲜明的时代特征，反映了当时人们的愿望和要求。在历史的长河中，凤的有些文化含义已经

高贵的"百鸟之王"凤凰

消失，有些文化含义仍然存在，可能还会产生新的文化含义。总之，凤文化的含义是不断变化的，随着社会的发展而发展。

九、龙凤文化总述

龙凤常被放在一起，表达了
人们向往和谐美好的愿望

中国人的吉祥观念源远流长，表达了人们追求幸福快乐，向往和谐美好的情感愿望。具体来说，中国的崇拜文化，影响最大的为动物四灵龙、凤、龟、麟。除龟之外，我们并没有见过其他三种动物。然而，龙凤总是被人们相提并论。龙是百虫之长，凤是百鸟之王，它们共同成为中华民族的象征。如同龙是封建帝王的象征一样，凤也成为后妃的符瑞。凤为中国古代动物四灵之一，在中国文化史上具有不可替代的影响，是中国神话传说中的神异动物和百鸟之王，能在火中再生，它与龙一起构成了龙凤文化。

（一）龙凤的相互对应

在我们所看到的图案以及文献中，龙凤都是相互对应的。

龙是古人以蛇为原型、融合其他动物，经过加工创作而成的一种神物，具有喜水、通天、善变、显灵、征瑞、兆祸、示威、比帝等神性。因此，龙常常被称为"鳞族之长""众兽之君"。

龙凤戏珠团

凤凰是古人以鸡为原型并融合多种鸟禽等创作加工而产生的一种神物，具有向阳、达天、自新、崇高、好洁、示美、喻情、成王等神性。凤凰登上了"羽族之长"的宝座，有"百鸟之王"的称誉。二者同为神物，可以对应而互补：一个变化飞腾而灵异，一个高雅美善而祥瑞，一旦携手，便"龙凤飞舞""龙凤呈祥"了。

我们可以从许多图案上看到：龙凤以成双成对、交缠互生、合为一体的形象出现，给人的感觉是亲密无间：你中有我，我中有你。

龙凤在文献中对应最早的，大概要数孔子和老子互相吹捧的那段文字。孔子称老子为龙，老子比孔子为凤，"龙凤是天生的一对，孔老也是天生的一对"。孔子

龙椅

用龙比做老子，是取了龙升天潜渊、灵异善变的神性，来比老子静动自如的神采和纵横天地不拘一格的思辨才能。老子用凤比孔子，则是取了凤的亲德嘉仁的神性，来比孔子的至善和悦的品行和仁爱为本律己惠人的圣德。

当帝王们用"真龙天子"自比后，龙有了象征权威的神性，作为它的对应物，凤就有了象征帝后妃嫔的神性。比如：帝王服"龙衮"，帝后戴"凤冠"；帝王住"龙邸"，帝后居"凤楼"；帝王有"龙火衣"，帝后有"凤头鞋"。在颐和园里，有慈禧太后看戏时的座位。这个座位不是"龙椅"或"龙位"，而称"金漆珐琅百鸟朝凤宝座"。慈禧还不满宫中那些龙在上、凤在下的图案，在修建自己的陵墓时，下令将凤刻在龙之上。

有趣的是，龙本来是水物，属"阴兽"，凤是火鸟，属"阳禽"。但在同龙对应之后，凤逐渐由"阳"转"阴"了。这大概是由于龙身上具备了众多"阳物"的特性，已不仅仅属"阴"了，其呼风唤雨的能力，飞举变化的能量，也和属"阳"的男性相吻合；而凤由于其美丽外表，更与喜欢打扮得花枝招展的女性相吻合。还有，凤是凤凰的简称，凤凰分为雌雄，雄为凤，雌为凰，所谓"凤求凰"，但在和龙对应之后，其"雄"也"雌"化了。如中国人的姓名，以"龙"命名的男性多不胜举，而女性罕见。女性称"凤"的人不少，但是男性称"凤"的人不多。

神物是人间的产物，人间分男女，神物有龙凤。男女相爱希求美满，龙凤结合预示吉祥。于是，无论皇室御苑、庙观宫寺，还是工艺美术、服饰器具，大凡有龙的地方，几乎都可以看到凤；而有凤的地方，也都能看到龙。表现在语言上则说"龙章凤姿""龙盘凤逸""龙眉凤目""龙肝凤髓"和"龙生龙，凤生凤，老鼠的儿子会打洞""龙识珠，凤识宝，牛马只会识稻草"等等。

（二）龙凤文化的关系

作为源远流长，蕴含丰富的文化现象，

屋檐顶部的双龙戏珠

龙凤瓶

凤凰和龙都是中华民族的图徽、标志和象征。如果将中华民族的符号按其功能效应的大小排个座位的话，龙无疑是要坐第一把交椅的。那么，第二位就该是凤凰了。

那么，凤凰与龙是一种怎样的关系呢？

从目前所发现的龙凤纹可以说明：龙和凤都起源于距今七八千年的新石器时代早期，而且差不多是同步的。

从另外的一副龙凤纹可以看出：龙和凤是不同的，一个代表鳞族水物，一个代表鱼族飞鸟；龙和凤是对应的，一个在下，属地；一个在上，属天；龙和凤之间是存在争斗的，凤似在追逐龙，龙似在甩开凤；龙和凤是可以沟通的，凤嘴与龙尾相连接，尽管采取了

"啄"的方式。

那么，龙和凤为什么会相互对应、配合、补充，以至于融合呢？

这要从龙和凤不同的取材对象来分析。龙的取材对象，主要是蛇为原型并融合了其他飞禽走兽、爬虫游鱼等动物，他们多为喜欢阴暗、潮湿，是善于隐藏的"水物""水兽"，其天象也是和阴雨有关，这就导致了龙在其形成的初期，基本上是属"阴"的。凤的取材对象主要是鸡、燕、乌、孔雀等鸟禽，而鸟禽绝大多数都是喜欢温暖、喜欢阳光的，有"阳鸟""阳禽""火精"之说。由此，龙主要是以"阴物"的形象出现，凤主要是以"阳物"的面貌出现。

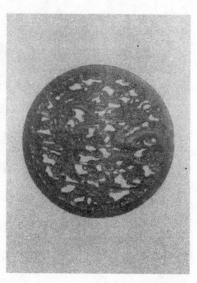

"龙凤呈祥"木雕

但是秦汉以来，龙的身上开始具有君主帝王的神性。龙遂被帝王们看中，拿来做了自己比附、象征的对象。随着帝王们用龙、比龙、称龙，作为对应，帝后妃嫔们就开始用凤、比凤、称凤了。其标志是秦始皇让嫔妃们戴凤钗、穿凤头鞋。

于是凤凰便有了一个大的转变：由阳转阴，整体上趋于雌性化。凤凰的这个转化过程，历时大约一千多年。

到了近当代，龙和凤作为帝王、帝后

的象征物的年代已成为历史，人们更多的是将其视为"吉祥物"或"吉祥符号"。由此而产生了一系列新的民俗事项，如在孔圣人的家乡，随着尼山朱砂石的发现和开掘，兴起了刻送龙封印的习俗：小孩出生，是男娃就选龙，寓意"望子成龙"，是女孩就选"凤"，寓意"望女成凤"。或小伙子选凤章送姑娘，姑娘选龙章送小伙子，寓意龙凤良缘，幸福绵长。至于哪对夫妻喜得有男有女的双胞胎，人们就以"龙凤胎"相称。

（三）龙凤文化的作用

龙文化，凤文化，即龙凤文化实际上是

龙凤漆器

相通的。它们从两个不同的方面展现中华文化的精神，龙代表中华民族刚毅、进取、万难不屈的一面，凤则代表中华民族仁慈、宽厚、智慧灵魂的一面。龙凤文化作为中国传统文化的两翼，具有以下重要作用：

1. 凝聚作用

中华民族是一个崇龙、爱龙，崇凤、爱凤的民族。龙凤文化源远流长、内涵丰富。这个共同的信仰很容易使人产生民族认同感，例如：歌曲《龙的传人》唱道："古老的东方有一群人，他们全都是龙的传人。"这个"他们"就把全国各族人民都包括在内了，从而增强了民族凝聚力，将全国各族人民紧密团结在一起，为祖国的繁荣昌盛而努力奋斗。龙崇拜和凤崇拜都是灵物崇拜，龙是祥瑞的象征，凤是幸福、安宁、吉祥的象征，是真善美的化身。人们都崇拜它们，都想达到幸福吉祥的目的，这种普遍的、共同的信仰便将全国各族人民凝聚在一起。

2. 鼓舞作用

人们把龙当做百虫之长，把凤视为百鸟之王，并赋予了它们各种非凡的本领和

龙凤文化深入人心

许多工艺品以龙凤作
为装饰，寓意吉祥

神奇的力量。因此，人们总喜欢把有本事、有作为、有出息的人比作龙凤，或者自喻为龙凤。人们都希望自己有本事、有作为、有出息，也希望自己的子孙后代长大后有本事、有作为、有出息，这样，龙凤所具有的自强不息、奋发向上、锐意进取的精神鼓舞着人们不断努力开拓、积极进取。

3. 审美作用

不管一种崇拜物能够寄托人们多少愿望和要求，能否给人们带来美感总是人们创造这种崇拜物的重要依据。由于龙凤的形象是在艺术作品中表现出来的，所以，人们在加工改造的时候，不仅考虑了这些形貌特征的象征意义，而且考虑了这些形貌特征的美学价值，使加工改造之后的龙形、凤形更加符合人们的审美要求。龙及凤的形象的塑造代表了民族审美活动的一个重要方面。例如：龙爪一般为三爪、四爪、后来为五爪，而且式样繁多，有着地爪、前伸爪、后蹬爪、凌云爪等。龙的尾巴也各式各样：鱼尾式、飘带式、条形式、莲花式、马尾式及扇形式等等，还对龙的头部、眼睛、鼻子、耳朵和须髯等进行了改造。总之，龙的形貌越复杂越符合人们的审美需要。而凤"五彩而文""非竹实不食"，是美丽高洁的象征，又是民族审美意识重要范畴之一"和"的象征。因为它的出现意味着社会安宁、政通人和，人民安居乐业。若干有关凤的语汇皆具有"和"的美学意义。例如，"百鸟朝凤"象征着上下左右的和谐一致；"龙凤呈祥"则是两种对立力量之间的和衷共济，是由对立到统一的发展。

在中国传统文化中，龙体现了阳刚之美，而凤则主要体现了阴柔之美。这种刚柔相济的审美形象，一经出现就得到人们的喜爱，成为美好事物的象征，成为历代文艺创作如诗歌、绘画、雕塑等的重要题材。历代以龙凤为题材的艺术作品和文学创作对于提高人们的审美能力和审美情趣，对于培养和锻炼人们的想象能力和创造能力，都具有重要作用。

龙凤玉佩

4. 权威作用

众所周知，人们把龙凤当做专制皇权的象征，龙凤崇拜由灵物崇拜变成神权崇拜，龙凤在古代社会中起着某种权威作用。人们认为龙凤是神圣不可侵犯的，专制统治者便利用人们的这一心理，自称"真龙

龙凤古钱币

天子"、凤的化身，借以提高自己的威信，他们禁止民间使用龙凤的图案和艺术品，愚弄和欺骗人民群众，从而达到巩固统治的目的。

除此之外，龙凤文化还有调节作用。民间的龙舟竞赛、耍龙灯和热闹欢腾的凤舞等节目能够使人们尽情宣泄和释放生活带来的紧张和压抑，并给单调乏味的生活带来许多鲜活的内容和趣味，调解人们的精神状态。

我们知道龙有种种神性，这些神性如果要用一个字来概括的话，就是"力"，力量的"力"，力度的"力"。凤凰也有种种神性，这种神性用一个字来概括的话，那就是"美"，美好的"美"，美丽的"美"，新美的"美"。于是，我们不妨说：龙是力量的象征，凤是美好的象征。龙和凤的对应，是力与美的对应；龙和凤的互补，是力与美的互补；龙和凤的和谐，是力与美的和谐。而且，世上只要有男女，就会有力与美的对应，互补与和谐，就会有矫健的龙，美丽的凤。龙凤文化相对、互补、相渗、互含、合一，深化出中华文化的大千世界。可以说，在龙凤身上，寄寓了中华民族自帝王将相到平民百姓全部的人生理想。龙与凤像两面鲜亮的旗帜，高扬在中华民族漫长的艰难奋进的历史征途上。